BEI GRIN MACHT SICH I
WISSEN BEZAHLT

- Wir veröffentlichen Ihre Hausarbeit,
  Bachelor- und Masterarbeit

- Ihr eigenes eBook und Buch -
  weltweit in allen wichtigen Shops

- Verdienen Sie an jedem Verkauf

Jetzt bei www.GRIN.com hochladen
und kostenlos publizieren

Bibliografische Information der Deutschen Nationalbibliothek:

Die Deutsche Bibliothek verzeichnet diese Publikation in der Deutschen National-bibliografie; detaillierte bibliografische Daten sind im Internet über http://dnb.d-nb.de/ abrufbar.

Impressum:

Copyright © 2014 GRIN Verlag, Open Publishing GmbH
Druck und Bindung: Books on Demand GmbH, Norderstedt Germany
ISBN: 9783656578727

Dieses Buch bei GRIN:

http://www.grin.com/de/e-book/267859/die-it-balanced-scorecard-grundlagen-aufbau-und-bewertung

Hendrik Kahlbach

Die IT-Balanced Scorecard. Grundlagen, Aufbau und Bewertung

GRIN Verlag

IT-Balanced Scorecard

Grundlagen, Aufbau und Bewertung

Inhaltsverzeichnis

Abbildungsverzeichnis

1 Einleitung

Unternehmen im 21. Jahrhundert sehen sich einer Vielzahl von Herausforderungen gegenüber: Hohe Marktsättigung, Wettbewerbs- und Preisdruck mit einhergehenden geringen Margen, zunehmende Bedeutung von alternativen Absatzkanälen, zunehmende Digitalisierung der Geschäftsprozesse, Abnahme der Fertigungstiefe und zunehmende Internationalisierung.[1] Dementsprechend ist es für diese Unternehmen von höchster Wichtigkeit, eine effektive Unternehmensstrategie zur Bewältigung dieser Herausforderungen zu entwickeln und diese anschließend in effiziente, kontrollier- und steuerbare Geschäftsprozesse umzusetzen. Als Instrument für die Überführung der strategischen Ziele in zielgerichtete operative Maßnahmen hat sich auf Gesamtunternehmensebene die sogenannte *Balanced Scorecard* etabliert.

Des Weiteren können die genannten Geschäftsprozesse von Unternehmen heutzutage nicht mehr ohne Berücksichtigung der Abhängigkeit von der Informationstechnik (IT) betrachtet werden: Die Anforderungen an Informationssysteme und Unternehmenübergreifende Prozessketten steigen stetig, ebenso deren Komplexität. Daher muss die IT-Strategie an der Unternehmensstrategie ausgerichtet werden (das sogenannte Business/IT-Alignment), sowie ebenfalls in effiziente, kontrollier- und steuerbare IT-Prozesse überführt werden. Das Instrument *Balanced Scorecard* kann hierzu als bereichsspezifische Variante, der *IT-Balanced Scorecard,* genutzt werden.

Im Folgenden soll zu Beginn eine organisatorische Einordnung des Untersuchungsgegenstandes vorgenommen werden (Kapitel 2).
Anschließend werden Zweck und Zielsetzung, Aspekte der Entwicklung und Implementierung der IT-Balanced Scorecard dargestellt sowie Vorschläge für den Aufbau vorgestellt (Kapitel 3).
Abschließend werden Vor- und Nachteile des Einsatzes einer IT-Balanced Scorecard erörtert (Kapitel 4) und die Erkenntnisse dieser Arbeit im Rahmen eines Fazits zusammengefasst (Kapitel 5).
Ergänzend werden in der Anlage verschiedene Softwarelösungen vorgestellt, die bei der Entwicklung und Implementierung einer IT-Balanced Scorecard unterstützen können.

---

[1] Vgl. Becker und Schütte (2004), S. 1-30 sowie KPMG (2006), S. 14-50.

2 Grundlegende organisatorische Einordnung

2.1 Management

Unternehmen lassen sich als komplexes, sozio-ökonomisches System beschreiben, deren Aktivitäten sich im Spannungsfeld zwischen Beschaffungs- und Absatz-, Geld- und Kapitalmärkten sowie der öffentlichen Hand angesiedelt sind.[2] Sie sehen sich einer zunehmenden Dynamik und Komplexität von Umweltveränderungen gegenüber. Daraus ergeben sich neue Anforderungen an die Außenbeziehungen und an die Binnenstruktur der Unternehmen.[3] Um diesen Anforderungen effektiv zu begegnen, muss das System Unternehmen zielorientiert gestaltet, gelenkt und entwickelt werden. Diese Aufgabe wird als Management[4] bezeichnet. Es lassen sich drei Stufen des Managements identifizieren: das normative Management (Im Vordergrund stehen generelle Ziele, Prinzipien, Normen und Spielregeln zur Ermöglichung der Lebens- und Entwicklungsfähigkeit eines Unternehmens), das strategische Management (Im Vordergrund steht die Frage nach der Effektivität eines Unternehmens) und das operative Management (Im Vordergrund steht die Frage nach der Effizienz eines Unternehmens).[5] Im Rahmen dieser Arbeit sind insbesondere das strategische Management und dessen operative Umsetzung von Bedeutung.

Strategisches Management besteht aus den Teilsystemen strategische Planung und Kontrolle, Informationen, Organisation, Unternehmenskultur und strategischen Leistungspotenzialen und sorgt für deren Gestaltung und gegenseitige Abstimmung.[6]

Im Fortgang dieser Arbeit sollen insbesondere die Aspekte strategische Planung und Kontrolle betrachtet werden unter Berücksichtigung der Tatsache, dass beide Aspekte informationsverarbeitende Aktivitäten darstellen.

2.2 Informationsmanagement

Informationsmanagement sorgt durch Bedarfsanalyse, Beschaffung und Verarbeitung von externen und internen Informationen sowie dem Einsatz sinnvoller Instrumente für eine effektive Unterstützung der strategischen Managementtätigkeit.[7]

Das Informationsmanagement muss die Frage beantworten, welche IT-orientierten Maßnahmenbündel in welcher Ausprägung für das jeweilige Unternehmen notwendig und sinnvoll sind. Dazu muss eine IT-Strategie entwickelt und mit der Unternehmensstrategie abgestimmt werden. Die IT-Strategie formuliert den zukünftigen Sollzustand, benennt Handlungsbedarf, Handlungsoptionen und Verantwortungsträger, definiert

---

[2] Vgl. Busse von Kolbe und Laßmann (1991), S. 15-25.
[3] Vgl. Bea und Haas (2005), S. 7-10.
[4] Die Fachliteratur unterscheidet zwischen dem Managementbegriff im institutionellen und funktionalen Sinne, z. B. bei Staehle (1991), S. 71. Im Rahmen dieser Arbeit steht die funktionale Bedeutung im Vordergrund.
[5] Vgl. Bleicher (2004), S. 80-86.
[6] Vgl. Bea und Haas (2005), S. 10-21.
[7] Vgl. Bea und Haas (2005), S. 263-265.

Ziele, Maßnahmen und Messgrößen.[8] Aus den Vorgaben der IT-Strategie ergeben sich anschließend IT-Architektur, IT-Infrastruktur und IT-Services.[9]
Die Abstimmung von Unternehmens- und IT-Strategie ist jedoch nicht als einmalige Tätigkeit zu verstehen, sondern unter dem Begriff Business/IT-Alignment als ständiger Prozess anzusehen, der durch entsprechende organisatorische Strukturen und Methoden zwischen den Fachbereichen und der IT zu institutionalisieren ist.[10]
Im Folgenden soll hierzu als wichtige organisatorische Struktur das IT-Controlling vorgestellt werden.

2.3 IT-Controlling

Controlling, wird in der Fachliteratur unterschiedlich definiert.[11] Weitverbreitet ist die Ansicht, dass Controlling zur *„Führung, [...] Planung und Kontrolle, sowie Informationsversorgung"*[12] dient.
Ein Subsystem des Controllings stellt das IT-Controlling dar. IT-Controlling dient der Erreichung der Formalziele (Effektivität und Effizienz) und der Sachziele (Qualität, Funktionalität und Termintreue) des Informationsmanagements. Es wird als Steuerungs- und Koordinationsfunktion des Informationsmanagements verstanden und hilft als Führungsaufgabe bei Zieldefinition, -steuerung und -erfüllung.[13] Dazu nutzt das IT-Controlling verschiedene strategische und operative Methoden zur Unterstützung des Business/IT-Alignment, die in Abbildung 1 unter „Zielsteuerung" aufgeführt sind.[14]

	Bezugsbereich	Zielformulierung	Zielsteuerung	Zielerfüllung
Strategisches IT-Controlling	- Konzern - Unternehmen - Geschäftsfelder	- Ausrichtung der IT an Unternehmenszielen - IT als Wettbewerbsfaktor	- IT-Strategie - IT-Standardisierung und -Konsolidierung - IT-Balanced Scorecard - IT-Portfoliomanagement	- Unternehmenswert - Wettbewerbsfähigkeit - Existenzsicherung
Operatives IT-Controlling	- Geschäftsprozesse - Kostenstellenleiter - Anwendungssysteme	- Unterstützung der Geschäftsprozesse durch effizienten IT-Einsatz	- IT-Kosten- und Leistungsrechnung - Geschäftspartnermanagement - IT-Berichtswesen und Kennzahlen - IT-Projektmanagement - IT-Prozessmanagement	- Gewinn - Liquidität - Rentabilität

Abbildung 1: Merkmale des IT-Controllings[15]

Im Folgenden soll nun die strategische Methode „IT-Balanced Scorecard" vorgestellt werden.

---

[8] Vgl. Gadatsch und Mayer (2006), S. 75.
[9] Vgl. Krcmar (2005), S. 284.
[10] Vgl. Böhm und Goeken und Johannsen (2009), S. 7-10.
[11] Vgl. Becker und Winkelmann (2006), S. 4f.
[12] Quelle: Horváth (2003), S. 5.
[13] Vgl. Krcmar (2005), S. 420f. sowie Gadatsch und Mayer (2006), S. 31-34.
[14] Gadatsch und Mayer (2006), S. 44-47, sowie Vgl. Becker und Winkelmann (2006), S. 389f.
[15] Quelle: Eigene Darstellung in Anlehnung an Gadatsch und Mayer (2006), S. 44-47.

3 IT-Balanced Scorecard

3.1 Zweck und Zielsetzung

Allgemein

Die Balanced Scorecard, die von Kaplan und Norton 1996 das erste Mal vorgestellt wurde[16], stellt eine ganzheitliche, einfache und praxistaugliche Methode der Strategie-implementierung in Unternehmen dar. Sie ergänzt die klassische finanzielle Perspektive um weitere Perspektiven (klassisch: Kunden-, Prozess- und Entwicklungsperspektive) im Sinne einer Mehrdimensionalität und ermöglicht so eine Abkehr von der reinen Finanzkennzahlen- und auch Vergangenheitsorientierung. Die Balanced Scorecard ermöglicht die stufenweise operative Umsetzung der Unternehmensstrategie. Mitarbeiter aller Hierachiestufen können sich daran orientieren und sollen erkennen können, was sie zum Unternehmenserfolg beitragen können und woran sie gemessen werden.[17]

Jedes strategische Ziel der jeweiligen Perspektive wird so gewählt, dass dessen Erreichung messbar, Abweichungen und der Stand der operativen Umsetzung erkennbar sind.[18]

Eine weitere, wichtige Erkenntnis ist, dass die einzelnen Perspektiven und deren Kennzahlen nicht losgelöst voneinander zu sehen sind, sondern im Sinne einer Ursache-Wirkungs-Beziehung voneinander abhängen und miteinander agieren.[19]

In der folgenden Abbildung wird dieser Zusammenhang deutlich:

---

[16] Details hierzu siehe Kaplan R. S. und D. P. Norton (1996).
[17] Vgl. Bea und Haas (2005), S. 200-203 sowie Krcmar (2005), S.
[18] Vgl. Becker und Winkelmann (2006), S. 78f.
[19] Vgl. Bea und Haas (2005), S. 202f. sowie Becker und Winkelmann (2006), S. 80 sowie Gadatsch und Mayer (2006), S. 114f.

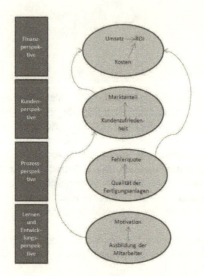

Abbildung 2: Beispielhafte Ursache-Wirkungskette[20]

<u>IT-orientiert</u>

Obwohl die Balanced Scorecard als Führungsinstrument für das Gesamtunternehmen entwickelt wurde, kann sie durch eine Anpassung an die Belange des Informationsmanagements/IT-Controllings angepasst werden. Sie stellt dem Informationsmanagement strategische IT-Kennzahlen bereit und ermöglicht deren Analyse sowie das Monitoring der IT-Strategie.[21] Man spricht in diesem Fall von IT-Balanced Scorecard.[22]

Die IT-Balanced Scorecard kann für verschiedene Bereiche eingesetzt werden:[23]

- Für die interne IT in Organisationen
- Für ausgegründete IT von Organisationen
- Für ausgewählte IT-Services (z. B. Help Desk, Call Center etc.)
- Für strategisch wichtige IT-Projekte (z. B. Softwareeinführungsprojekte etc.)
- Für E-Commerce-Unternehmungen

---

[20] Quelle: Eigene Darstellung an Bea und Haas (2005), S. 203 sowie Gadatsch und Mayer (2006), S. 115.

[21] Vgl. Gadatsch und Mayer (2006), S. 45f. und S. 117-126 sowie Krcmar (2005), S.325.

[22] Neben dem Begriff IT-Balanced Scorecard, wie er bei Gadatsch und Mayer (2006) und Kütz (2006) vorkommt, werden auch abweichende Bezeichnungen verwendet, z. B. Balanced IT-Scorecard bei Krcmar (2005). In Rahmen dieser Arbeit wird der Begriff IT-Balanced Scorecard verwendet.

[23] Vgl. Krcmar (2005), S. 326 nach Bernhard (2002), S. 42f.

3.2 Entwicklung und Implementierung

Bei der Entwicklung der Balanced Scorecard im Allgemeinen, jedoch auch bei der IT-Balanced Scorecard im Speziellen kann folgendermaßen vorgegangen werden:[24]

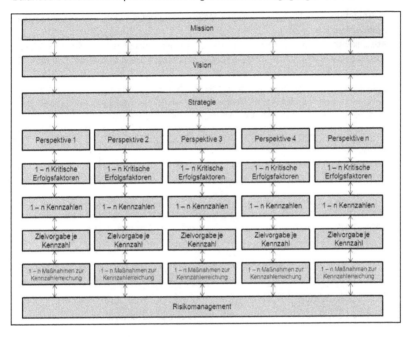

Abbildung 3: Entwicklungsstufen einer Balanced Scorecard[25]

Auf die IT-Balanced Scorecard bezogen sind somit folgende Fragestellungen relevant:

- Mission: Wie lautet das Selbstverständnis, mit dem die IT-Organisation auf ihren Märkten agiert?
- Vision: Wie lauten die, insbesondere wirtschaftlich, langfristigen Ziele?
- Strategie: Wie sollen die Vision und die langfristigen Ziele erreicht werden?
- Perspektiven: Welche Sichten sollen für die Erreichung der strategischen Ziele verwendet werden?
- Kritische Erfolgsfaktoren: Definition der messbaren Leistungselemente, die die Umsetzung der strategischen Ziele am meisten beeinflussen.

---

[24] Vgl. Kütz (2006), S. 62-72 sowie Krcmar (2005), S. 325-327.
[25] Quelle: Eigene Darstellung in Anlehnung an Kütz (2006), S. 62-72 sowie Krcmar (2005), S. 326.

- Kennzahlen: Definition der Kennzahlen, die die Zielerreichung am effizientesten messen.
- Zielvorgabe: Definition der Zielgröße der jeweiligen Kennzahl, die erreicht werden soll.
- Maßnahmen: Definition der jeweiligen Maßnahmen, um die Zielgröße der jeweiligen Kennzahl zu erreichen.
- Abschließend ist ein umfassendes Risikomanagement notwendig, um die Risiken von möglichen Abweichungen zu erkennen und Maßnahmen einleiten zu können.

Wichtig ist zu erkennen, dass keines der genannten Elemente losgelöst vom Gesamtkontext betrachtet werden kann. Vielmehr ist jeweils die Ableitung vom jeweiligen, übergeordneten Element des Gesamtunternehmens vorzunehmen:[26]

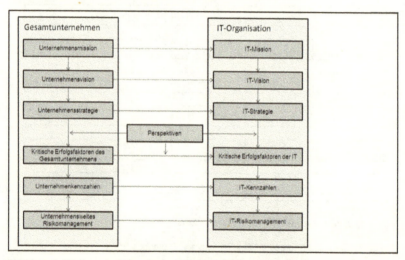

Abbildung 4: Ableitung der Elemente der IT-Balanced Scorecard im Gesamtunternehmenskontext[27]

Damit eine IT-Balanced Scorecard erfolgreich entwickelt und eingeführt werden kann, sollte ein Phasenmodell zur Einführung angewendet werden:

---

[26] Vgl. Kütz (2006), S. 89-93 sowie Gadatsch und Mayer (2006), S.118-120.
[27] Vgl. Kütz (2006), S. 90 sowie Gadatsch und Mayer (2006), S.119.

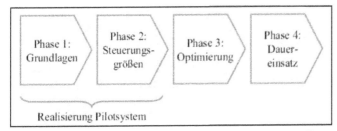

Abbildung 5: Phasenmodell für die Einführung eine IT-Balanced Scorecard[28]

In Phase 1 werden Mission, Vision und Strategie definiert. In Phase 2 werden die relevanten kritischen Erfolgsfaktoren, Kennzahlen, Zielvorgaben und Maßnahmen definiert. Dies wird in einem Pilotsystem realisiert, das den Beteiligten zur Qualitätssicherung und zu Tests zur Verfügung steht. In Phase 3 wird das Risikomanagementsystem integriert und Optimierungsvorschläge aus der Pilotphase umgesetzt. Nach Abschluss der Phase 3 geht das System produktiv und sukzessive und begleitend weiter überwacht und optimiert.[29]

Um einen höchstmöglichen Grad an Effektivität bei der Entwicklung zu erreichen, sind verschiedene Anforderungen zu berücksichtigen. Diese lauten[30]:

- Eine unternehmensweite, allgemeine Balanced Scorecard sollte vorliegen (Ggf. im Sinne einer Konzern-Balanced Scorecard).
- Eine Feingranulierung der Haupt-Balanced Scorecard sollte in eigenen Subsystemen, z. B. Unternehmens- oder Bereichs-Balanced Scorecards erfolgen. Für den IT-Bereich kommt eine weitere Unterteilung nach Abteilungen, Prozessen, IT-Services oder IT-Projekten in Frage.
- Abstimmung der Ziele mit und Nennung der Verantwortung für die Zielerreichen an die jeweiligen Verantwortlichen, die darüber hinaus einen hohen Freiheitsgrad bei der Entwicklung erhalten sollen
- Integration eines Feedbacksystems zum Austausch des aktuellen Status untereinander
- Ein einfacher Aufbau sollte ein leichtes Verständnis und eine einfache Kommunikation ermöglichen
- Zur Komplexitätsreduktion sollten pro Perspektive nur wenige Ziele und Maßnahmen festgelegt werden.

---

[28] Quelle: Kütz (2006), S. 73.
[29] Vgl. Kütz (2006), S. 73f.
[30] Vgl. Krcmar (2005), S. 325-327 sowie Gadatsch und Mayer (2006), S. 118f.

3.3 Aufbau

Der klassische Aufbau der Balanced Scorecard enthält vier Perspektiven: Die finanz-wirtschaftliche, die Kunden-, die interne Prozess- und die Lern- und Entwicklungsper-spektive. Für jede Perspektive werden verschiedene strategische Ziele definiert, die sich auch der Vision und Gesamtorganisationsstrategie speisen. Anschließend werden für jedes Ziel sinnvolle Kennzahlen ermittelt, Vorgaben und Maßnahmen zur Errei-chung der Ziele definiert. Das Ergebnis ist die Erstellung eines komplexen Kennzah-lensystems, das die effektive und effiziente Unternehmensführung ermöglicht.[31]

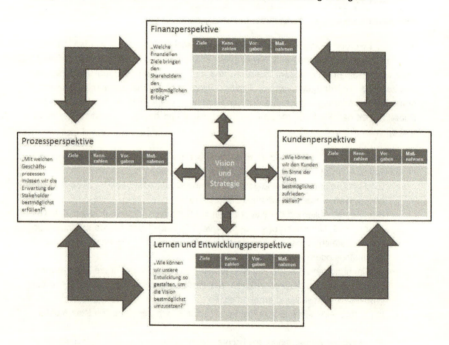

Abbildung 6: Schematischer Aufbau der klassischen Balanced Scorecard[32]

Die klassische Sichtweise, mit vier Perspektiven zu arbeiten, wurde seit der Erstent-wicklung durch Kaplan und Norton von vielen Autoren erweitert. Unter anderem schlägt Kütz vor, die Perspektiven Innovationen und Lieferanten zu ergänzen.[33] Dieser Vor-schlag wird in dieser Arbeit aufgenommen und berücksichtigt.

---

[31] Vgl. Gadatsch und Mayer (2006), S. 114-117.
[32] Quelle: Eigene Darstellung in Anlehnung an Bea und Haas (2005), S. 202 sowie Gadatsch (2006), S. 117.
[33] Vgl. Kütz (2003), S. 75.

Wie in Kapitel 3.1 bereits erwähnt, bietet sich der Einsatz der Balanced Scorecard als IT-Balanced Scorecard in Organisationen an, da die IT heutzutage Markt- und Wachstumspotenziale für Organisationen bietet und somit strategisch zu führen ist.[34] Daher soll im Folgenden nun eine Ausarbeitung der sechs Perspektiven aus IT-Sicht erfolgen. Es werden dazu für jede Perspektive drei Ziele genannt, die mit jeweils einer sinnvollen Kennzahl unterlegt werden. [35] Zusätzlich wird ein Vorschlag für die Vorgehensweise der Erhebung beschrieben. Auf Vorgaben und konkrete Maßnahmen wird an dieser Stelle bewusst verzichtet, diese sind von der IT-Leitung ex post zu definieren.

3.3.1 Finanzwirtschaftliche Perspektive

Beschreibung

Unternehmen haben ein direktes Interesse, dass die Kosten- und Nutzenrelation der genutzten IT-Services angemessen ist, unabhängig davon, ob die Services durch eine interne IT oder extern bezogen werden. Durch Kennzahlen soll diese Relation mess- und steuerbar gemacht werden.

Beispiel 1
- Ziel: Die IT- Organisation wird als Profitcenter geführt und soll einen Gewinn erwirtschaften durch die bereitgestellten Services.
- Kennzahl: Profitcenter-Rendite je Zeiteinheit.
- Art der Erhebung: Die IT-Kosten- und Leistungsrechnung erhebt die mittels interner Leistungsverrechnung ermittelten Kosten und Leistungen und bucht diese auf das Profitcenter „IT- Organisation".

Beispiel 2
- Ziel: Die Gesamtkosten (Total Cost of Ownership, TCO) für einen IT-Arbeitsplatz sollen gemessen und reduziert werden.
- Kennzahl: TCO-Betrag je IT-Arbeitsplatz in Euro je Zeiteinheit.
- Art der Erhebung: Die IT-Kosten- und Leistungsrechnung erfasst sämtliche den IT-Arbeitsplätzen direkt oder indirekt zuordenbaren Kosten, beginnend mit den Anschaffungskosten (Hardware, Software, etc.) über die Nutzungskosten (Energieverbrauch, Wartung etc.) bis hin zu Entsorgungskosten und legt diese auf den einzelnen Arbeitsplatz um.

Beispiel 3
- Ziel: Es soll festgestellt werden, welchen Deckungsbeitrag das Help Desk der IT-Organisation beiträgt.
- Kennzahl: Deckungsbeitrag des Help Desk in Euro je Zeiteinheit.
- Art der Erhebung: Die IT-Kosten- und Leistungsrechnung erfasst den Umsatz aus der internen Leistungsverrechnung sowie die variablen Kosten des Help Desk und ermittelt so den Deckungsbeitrag, also den Betrag, den das Help Desk zur Deckung der Fixkosten der IT-Organisation beiträgt.

---

[34] Vgl. Gadatsch und Mayer (2006), S. 45f. und S. 117-126 sowie Krcmar (2005), S.325.

[35] Ziele und Kennzahlen sind an Gadatsch und Mayer (2006), S.120-125 sowie Kathmann und Mayer (2007), S. 16-19 sowie Kütz (2003), S. 67f. u. S. 84 sowie Becker und Winkelmann (2006), S. 404-406 angelehnt.

3.3.2 Kundenperspektive

Beschreibung

Die IT-Anwender bzw. ihre Fachbereiche sind die Kunden der internen IT-Organisation. Diese sind im Sinne des klassischen Balanced Scorecard-Ansatzes als Perspektive zu berücksichtigen. Durch Kennzahlen soll dieses Anbieter-Kunden-Verhältnis mess- und steuerbar gemacht werden.

Beispiel 1

- Ziel: Die Zufriedenheit der Nutzer der IT-Services im Unternehmen soll ermittelt und verbessert werden.
- Kennzahl: Vergleich der Kundenzufriedenheitsindizes zum Zeitpunkt t=0 und t=1.
- Art der Erhebung: In einer Kundenzufriedenheitsbefragung werden die IT-Anwender zu Ihrer Zufriedenheit der durch die IT-Organisation bereitgestellten IT-Services befragt.

Beispiel 2

- Ziel: Es soll ermittelt werden, wie viele IT-Anwender ein IT-Mitarbeiter betreut.
- Kennzahl: Anzahl IT-Anwender je IT-Mitarbeiter zum Zeitpunkt t=0.
- Art der Erhebung: Das Personalwesen liefert die Anzahl der Gesamtmitarbeiter im Unternehmen sowie die Anzahl der IT-Mitarbeiter insgesamt oder je IT-Bereich (z. B. betreute IT-Anwender je Help Desk-Mitarbeiter etc.)

Beispiel 3

- Ziel: Es soll ermittelt werden, wie viele Kundenbeschwerden beim Help Desk eingehen.
- Kennzahl: Anzahl Kundenbeschwerden je Zeitraum je Unternehmensbereich
- Art der Erhebung: Erfassung der Kundenbeschwerden in einer IT Service Management Software.

3.3.3 Interne Prozessperspektive

Beschreibung

Die IT-Services müssen hinsichtlich Effektivität und Effizienz bestmöglich organisiert, bereitgestellt und durchgeführt werden. Durch Kennzahlen wird eine Effektivitäts- und Effizienz-Messung der IT-Prozesse ermöglicht.

Beispiel 1

- Ziel: Die Anzahl der abgeschlossenen Tickets soll erhöht werden.
- Kennzahl: Anzahl abgeschlossener Tickets z. B. je Zeitraum, je Unternehmensbereich etc.
- Art der Erhebung: Diese Auswertungsmöglichkeit bietet moderne IT Service Management-Software an.

Beispiel 2

- Ziel: Erhöhung der im First-Level-Support geschlossenen Tickets soll erhöht werden.

- Kennzahl: Anzahl durch den First-Level-Support erfolgreich geschlossenen Tickets/Anzahl Gesamttickets je Zeitraum.
- Art der Erhebung: Auch hierzu bietet sich eine moderne IT Service Management-Software an.

Beispiel 3
- Ziel: Der Qualität der Anforderungsanalyse für IT-Projekte soll erhöht werden.
- Kennzahl: Summe Change Requests aller Projekte /Anzahl Projekte je Zeitraum.
- Art der Erhebung: Diese Zahl kann z. B. aus den Projektabschlussberichten ermittelt werden.

3.3.4 Lern- und Entwicklungsperspektive

Beschreibung
Da die Leistungsfähigkeit der IT-Organisation maßgeblich von der fachlichen sowie überfachlichen Kompetenz seiner Mitarbeiter abhängt, muss die richtigen Mitarbeiter akquiriert, motiviert und eingesetzt werden. Durch Kennzahlen wird auch hier eine Effektivitäts- und Effizienz-Messung der IT-Mitarbeiter ermöglicht.

Beispiel 1
- Ziel: Die fachliche Kompetenz der IT-Mitarbeiter soll erhöht werden.
- Kennzahl: Anzahl Weiterbildungstage je Mitarbeiter je Zeitraum.
- Art der Erhebung: Erfassung in Personalentwicklungsmanagement-Software.

Beispiel 2
- Ziel: Die Mitarbeiter sollen zur Organisations- und Prozessverbesserung beitragen.
- Kennzahl: Anzahl Verbesserungsvorschläge der IT-Mitarbeiter je Zeiteinheit.
- Art der Erhebung: Diese Kennzahl kann z. B. über ein IT-Ideenmanagement-Wettbewerb generiert werden.

Beispiel 3
- Ziel: Die Fluktuationsrate in der IT-Organisation soll reduziert werden.
- Kennzahl: Fluktuationsrate (Anzahl gewechselter Mitarbeiter/Anzahl Gesamtmitarbeiter) in der IT-Organisation je Zeiteinheit.
- Art der Erhebung: Das Personalmanagement ermittelt derartige Zahlen klassischerweise im Unternehmens-HR-System.

3.3.5 Lieferantenperspektive

Beschreibung
Neben den eigenen Mitarbeitern hängt die Leistungsfähigkeit der IT-Organisation auch maßgeblich von der Wahl der passenden externen IT-Dienstleister und deren IT-Services ab. Durch verschiedene Kennzahlen können Aussagen zu Effektivität- und Effizienz der externen IT-Dienstleister getroffen werden.

Beispiel 1
- Ziel: Die Fertigungstiefe der internen IT soll reduziert werden.
- Kennzahl: Anteil dritter Anbieter an Gesamt-IT-Ausgaben je Zeiteinheit.

- Art der Erhebung: Die IT-Kosten- und Leistungsrechnung kann diese Kennzahl durch Vergleich der in der internen Leistungsverrechnung entstandenen Kosten und den Kosten, die durch dritte Anbieter angefallen sind, ermitteln.

Beispiel 2
- Ziel: Reduzierung der Anzahl externer IT-Dienstleister zur Komplexitätsreduktion.
- Kennzahl: Anzahl externer IT-Dienstleister zu Zeitpunkten t=0 und t=1.
- Art der Erhebung: Das Service Level Management kann diese Kennzahl aus der Analyse der bestehenden Verträge mit IT-Dienstleistern erhalten.

Beispiel 3
- Ziel: Die Lieferantenzufriedenheit soll gemessen und verbessert werden.
- Kennzahl: Vergleich der Lieferantenzufriedenheitsindizes zu Zeitpunkten t=0 und t=1.
- Art der Erhebung: Hierzu muss eine Befragung der für den Lieferanten zuständigen Stelle in der IT-Organisation durchgeführt werden.

3.3.6 Innovationsperspektive

Beschreibung
Zukünftige Wettbewerbsfähigkeit, Effektivität und Effizienz müssen heute durch sinnvolle Maßnahmen sichergestellt werden, z. B. Neuentwicklung Software, IT Services etc. Die Erreichung dieser Innovationsziele kann durch verschiedene Kennzahlen gemessen und gesteuert werden.

Beispiel 1
- Ziel: Erhöhung der implementierten Prozessverbesserungen.
- Kennzahl: Anzahl implementierter Prozessverbesserungen je Zeitperiode.
- Art der Erhebung: Diese Kennzahl könnte z. B. aus den Projektabschlussberichten hervorgehen.

Beispiel 2
- Ziel: Erhöhung des Anteils neuer IT-Services am Gesamt-Service-Portfolio.
- Kennzahl: Anzahl neuer IT-Services (z. B. nach 2009 eingeführt) / Anzahl Gesamt-IT-Services zum Zeitpunkt t=0
- Art der Erhebung: Diese Kennzahl kann durch die Analyse des IT-Service-Portfolios ermittelt werden.

Beispiel 3
- Ziel: Ermittlung Umsatzanteil neuer IT-Services (z. B. nach 2009 eingeführt).
- Kennzahl: Umsatz neuer IT-Services / Gesamtumsatz in Euro für Zeitperiode.
- Art der Erhebung: Diese Zahlen kann die IT-Kosten- und Leistungsrechnung bereitstellen.

4 Vor- und Nachteile der IT-Balanced Scorecard

Vor- und Nachteile der allgemeinen Balanced Scorecard gelten im gleichen, abgewandelten und/oder ergänzten Rahmen auch für die spezifische IT-Balanced Scorecard. Die wichtigsten Aspekte werden stichpunktartig im Folgenden aufgeführt:

Vorteile:[36]

- Möglichkeit für IT-Organisation, sich in den strategischen Gesamtkontext des Unternehmens einzupassen
- Zeitnahe Anpassung der IT-Strategie an sich ändernde interne und externe Rahmenbedingungen
- Möglichkeit der operativen Implementierung strategischer IT-Ziele und des Business/IT-Alignment
- Abkehr vom rein Finanz- und vergangenheitsorientierten Denken, Berücksichtigung der Interessen der IT-Anwender im Sinne von Kunden und IT-Mitarbeiter
- Mess-, Steuer- und Kontrollierbarkeit der strategischen IT-Ziele
- Erkennen von Ursache-Wirkungsbeziehungen von einzelnen IT-Kennzahlen im Gesamt-IT-Kontext
- Verdeutlichung des Wertbeitrags der IT für das Gesamtunternehmen
- Einbeziehung der IT-Prozesse in das Gesamtkennzahlensystem des Unternehmens

Nachteile:[37]

- Nicht ausreichende Berücksichtigung von zwischenbetrieblichen Prozessen, Kennzahlen und Fragestellungen
- Die Komplexität von Abhängigkeiten und Zurechenbarkeiten von Zielen, Kennzahlen, Vorgaben und Maßnahmen führt möglicherweise zu einer Vernachlässigung von wichtigen Aspekten oder führt bei einer ganzheitlichen Herangehensweise zu...
- ...einem hohen Zeit- und Kostenaufwand bei der Erstellung der IT-Balanced Scorecard
- Gefahr, die IT-Balanced Scorecard als reines Kennzahlensystem ohne Berücksichtigung von Vision, Mission und Unternehmensstrategie zu begreifen und deren Vorgaben nicht ausreichend zu berücksichtigen

---

[36] Vgl. Krcmar (2005), S. 326 sowie Gadatsch und Mayer (2006), S. 125.
[37] Vgl. Gadatsch und Mayer (2006), S. 125f. sowie Becker und Winkelmann (2006), S.80f. sowie Kütz (2003), S. 94.

5 Fazit

Das Konzept der IT-Balanced Scorecard stellt für die IT-Organisation einen Rahmen zur Verfügung um eine effektive strategische Steuerung und Führung der IT-Organisation zu ermöglichen. Darüber hinaus bietet sie der IT-Organisation die Möglichkeit, sich angemessen am Strategie- und Controlling-Konzept des Gesamtunternehmens zu beteiligen und sich daran im Sinne des Business/IT-Alignment auszurichten. Durch die Berücksichtigung der verschiedenen Perspektiven ist des Weiteren ein umfassender, vergangenheits- und zukunftsorientierter Blick auf Bedürfnisse und Anforderungen aller wichtigen Stakeholder möglich.

Nichtsdestotrotz stellt die Entwicklung und Implementierung einer effektiven IT-Balanced Scorecard hohe Anforderungen an die Gesamt- und die IT-Organisation. Diese und ein Vorschlag für eine strukturierte Einführung wurden in Kapitel 3.2 dargestellt.

Abschließend sollten bei der Entwicklung und Einführung vorhandene Anwenderberichte berücksichtigt werden, z. B. bei Kathmann und Maicher (2007). Dort werden u. a. folgende Erfolgsfaktoren für ein derartiges Projekt genannt:[38]

- Das Management Commitment für ein derartiges Projekt muss vorliegen
- Der IT-Controller muss intensiv an der Erstellung der Finanzperspektive mitwirken
- Klare Definition und Abgrenzung, was Prototyp und Produktivsystem leisten sollen
- Einsatz von Prototyping zur frühzeitigen und effizienten Einbeziehung der Stakeholder
- Einsatz eines lernkurvenorientierten Vorgehens zur bestmöglichen Ausarbeitung der Ursache-Wirkungskette
- Anwendung einer eindeutigen, abgestimmten, freigegebenen und kommunizierten Vorgehensweise im Projekt
- Anwendung der klassischen Projektmanagement-Werkzeuge zur Gewährleistung der Einhaltung von Qualitäts-, Zeit- und Kostenvorgaben.

Darüber hinaus wird der Einsatz einer speziellen Software für die IT-Balanced Scorecard-Einführung und –Nutzung empfohlen. [39] Beispielhafte Softwareprodukte können in der Anlage gefunden werden.

---

[38] Vgl. Kathmann und Mayer (2007), S. 24.
[39] Vgl. Gadatsch und Mayer (2006), S. 126-128.

Literatur- und Quellenverzeichnis

Bange, C. (2006): Werkzeuge für analytische Informationssysteme in Chamoni, P. und P. Gluchowski (2006): Analytische Informationssysteme, Springer Verlag, Berlin et al.

Bea, F.X. und J. Haas (2005): Strategisches Management, 4. Auflage, Lucius und Lucius Verlag, Stuttgart.

Becker, J. und R. Schütte (2004): Handelsinformationssysteme, moderne Industrie Verlag, Landsberg/Lech.

Becker, J. und A. Winkelmann (2004): Warenwirtschaft im 21. Jahrhundert - Bedeutung von IT im Handel in Hildebrand, K. (Hrsg.): HMD Praxis der Wirtschaftsinformatik 235 - IT-Lösungen im Handel, S. 5-15, dpunkt.verlag, Heidelberg.

Becker, J. und A. Winkelmann (2006): Handelscontrolling – Optimale Informationsversorgung mit Kennzahlen, Springer Verlag, Berlin et al.

Bernhard, M. G. (2002): Wie lässt sich die Balanced Scorecard in der IT einsetzen? in Blomer R. und M. G. Bernhard (Hrsg.): Report Balanced Scorecard in der IT: Praxisbeispiele – Methoden – Umsetzung, S. 37-48, Düsseldorf: Symposium.

Bleicher, K. (2004): Das Konzept integriertes Management, 7. Aufl., Campus Verlag, Frankfurt am Main.

Böhm, M. und M. Goeken und W. Johannsen (2009): Compliance und Alignment: Vorgabenkonformität und Strategieabgleich als Erfolgsfaktoren für eine wettbewerbsfähige IT in Fröschle, H.-P. (Hrsg.): HMD Praxis der Wirtschaftsinformatik 269 – Wettbewerbsfaktor IT, S. 7-17, dpunkt.verlag, Heidelberg.

Busse von Colbe, W. und G. Laßmann (1991): Betriebswirtschaftstheorie, Band I: Grundlagen, Produktions- und Kostentheorie, 5. Aufl., Springer Verlag, Berlin et al..

Gadatsch, A. und E. Mayer (2006): Masterkurs IT-Controlling, 3. Aufl., Vieweg+Teubner Verlag | Springer Fachmedien Wiesbaden, Wiesbaden.

Horváth, P. (2008): Controlling, 11. Auflage, Verlag Franz Vahlen, München.

Kaplan R. S. und D. P. Norton (1996): The Balanced Scorecard: Translating Strategy Into Action, McGraw-Hill.

Kathmann, H. und M. Maicher (2007): Kennzahlensystem für einen konzerngebundenen IT-Dienstleister in Kütz, M. und A. Meier (Hrsg.): HMD Praxis der Wirtschaftsinformatik 254 – IT-Controlling, S. 16-26, dpunkt.verlag, Heidelberg.

KPMG (2006): Trends im Handel 2010, http://www.kpmg.de/docs/trends_im_handel_2010_de.pdf, abgefragt am 03.07.2010.

Krcmar, H. (2005): Informationsmanagement, 4. Aufl., Springer Verlag, Berlin et al.

Kütz, M. (2003): Kennzahlen in der IT, Werkzeuge für Controlling und Management, dpunkt.verlag, Heidelberg.

Kütz, M. (2006): IT-Controlling in der Praxis, dpunkt.verlag, Heidelberg.

Staehle, W. H. (1999): Management: Eine verhaltenswissenschaftliche Perspektive, 8. Aufl., Verlag Franz Vahlen, München.

Anlage: Software für IT-Balanced Scorecard

Es existiert eine Vielzahl von Balanced Scorecard-Softwarelösungen.[40] Die Organisation sollte sich für den Einsatz einer derartigen Software entscheiden, um den Entwicklungs- und Einführungsaufwand der IT-Balanced Scorecard möglichst gering zu halten. Gadatsch und Mayer nennen drei Kernkategorien von Softwarelösungen, die den Aufbau einer IT-Balanced Scorecard unterstützen können:[41]

- Softwarelösungen für Großunternehmen, z. B. SAP SEM
- Softwarelösungen für den Mittelstand, z. B. Corporate Planning MIS/BSC
- Softwarelösungen für Prozessmanagement, z. B. das ARIS-Toolset

Bange (2006) schlägt u.a. folgende Softwarelösungen vor, von denen einige auch eine Balanced Scorecard-Fähigkeit mitbringen:[42]

- SAP EPM (Ehemals BusinessObjects: http://www.sap.com/germany/solutions/sapbusinessobjects/large/enterprise-performance-management/index.epx)
- IBM Cognos TM1 (Cognos Planning und Applix Interactive Planning vereint in einer Suite: http://www-01.ibm.com/software/data/cognos/products/tm1/)
- Cubus Outperform (http://www.cubus.eu)
- Infor Extensity (Ehemals GEAC Comshare MPC: http://www.geac.com)
- Oracle EPM (http://www.oracle.com/us/solutions/ent-performance-bi/index.html)
- SAS Planning (http://www.sas.com/solutions/performance-management/index.html)

Um die Auswahlentscheidung zwischen den Lösungen zu vereinfachen, schlägt Krcmar folgende zehn Auswahlkriterien vor:[43]

- Anbieter
- Software-Produkt
- Skalierbarkeit
- Flexibilität
- Funktionalität
- Kommunikation
- Technische Spezifikation
- Benutzerinterface
- Analysefähigkeit
- Service
- Zukunftsfähigkeit der Software

---

[40] Vgl. Krcmar (2005), S .326f.
[41] Vgl. Gadatsch und Mayer (2006), S. 67f. sowie S. 126-128.
[42] Vgl. Bange (2006), S. 105f. – Aufgrund von Marktveränderungen (Anbieterkonsolidierung, Umbenennung von Produkten etc.) wurde die Liste von Bange durch den Autor stellenweise angepasst.
[43] Vgl. Krcmar (2005), S. 327.